PUBLICATIONS DE LA GAZETTE DES EAUX.

OBSERVATIONS

Relatives au Décret impérial du 28 janvier 1860

sur l'Organisation

DE L'INSPECTION MÉDICALE

et la surveillance

DES SOURCES ET ÉTABLISSEMENTS

d'eaux minérales naturelles

PAR LE DOCTEUR

MAX. DURAND-FARDEL,

Inspecteur des Sources d'Hauterive à Vichy,
Secrétaire-général de la Société d'Hydrologie médicale
de Paris,
Chevalier de la Légion d'honneur, etc

SUIVIES DU TEXTE DU DÉCRET.

PARIS

AU BUREAU DE LA GAZETTE DES EAUX
RUE JACOB, 30.

Avril 1860.

PUBLICATIONS DE LA GAZETTE DES EAUX.

OBSERVATIONS

Relatives au Décret impérial du 28 janvier 1860

sur l'Organisation

DE L'INSPECTION MÉDICALE

et la surveillance

DES SOURCES ET ÉTABLISSEMENTS

d'eaux minérales naturelles

PAR LE DOCTEUR

MAX. DURAND-FARDEL,

Inspecteur des Sources d'Hauterive à Vichy,
Secrétaire-général de la Société d'Hydrologie médicale
de Paris,
Chevalier de la Légion d'honneur, etc.

SUIVIES DU TEXTE DU DÉCRET.

PARIS

AU BUREAU DE LA GAZETTE DES EAUX

RUE JACOB, 30.

Avril 1860.

1860

Paris. — Imprimerie Bonaventure et Ducessois.

Le décret impérial, annoncé par la loi du 14 juillet 1856 sur les *Eaux minérales*, vient de voir le jour.

Il nous a paru que, même après le lumineux rapport de M. le ministre de l'agriculture, du commerce et des travaux publics, il ne serait pas sans intérêt de reprendre les principales dispositions de ce décret, de faire ressortir les changements qu'elles apportent dans la réglementation des eaux minérales, sous le rapport des personnes, comme sous le rapport des choses, de signaler enfin ce qui se trouve conservé de l'ordonnance de 1823.

Ce n'est pas tout. Si le décret du 28 janvier 1860 a été la conséquence nécessaire de la loi du 14 juillet, qui n'avait pu émettre que quelques grands principes sur la matière, des règlements particuliers d'administration devront compléter le décret du 28 janvier. Celui-ci ne pouvait évidemment entrer dans les détails de l'application, relativement à des choses aussi diverses que le régime et les appropriations des différentes sortes d'établissements thermaux.

Il résulte de là que quelques-uns des articles du décret semblent attendre une explication ou un commentaire approprié à chacune des circonstances qu'ils n'ont pu prévoir. On reconnaîtra peut-être que les observations que nous présentons sur ces différents sujets sont autorisées par une longue pratique de la matière.

TITRE PREMIER.

Dispositions concernant l'inspection médicale et la surveillance des sources et des établissements d'eaux minérales naturelles.

Les dispositions principales de ce titre sont relatives au *mode de nomination des médecins inspecteurs, aux fonctions des inspecteurs adjoints et au classement des établissements thermaux.*

L'article 3 rend *au ministre de l'agriculture la nomination des médecins inspecteurs,* que le décret de décentralisation de 1852 avait attribuée aux préfets. Nous n'avons rien à ajouter aux excellentes considérations que le rapport de M. le

ministre fait valoir relativement à ce
retour à d'anciennes prérogatives. La
conformité de cette mesure avec les
vœux unanimement émis par le corps
médical y est mentionnée d'une manière
particulière.

Si nous sommes bien informé, la commission, prise dans le sein du comité
consultatif d'hygiène publique, et char-
gée de préparer le projet de règlement
soumis au conseil d'État, avait proposé
d'établir, dans l'inspection médicale, un
mode d'avancement hiérarchique, tendant
à assurer aux services rendus dans cette
partie de la science et de l'administration
une récompense, par la progression d'un
poste moins important à un poste plus
avantageux.

Le conseil d'État a reculé sans doute
devant l'organisation un peu formaliste
de cette hiérarchie. On regrettera peut-
être qu'il n'ait pas au moins cru devoir
consacrer ce principe, tout en laissant à
l'administration la plus entière liberté
dans son mode d'application. Cela eût été
d'un grand encouragement pour les si-
tuations, plus que modestes, que comporte la grande majorité de nos stations
thermales.

Cependant nous devons faire remarquer
que le décret, en revenant à la centrali-
sation pour la nomination des médecins

inspecteurs, semble donner implicitement satisfaction au vœu bien légitime auquel nous faisons allusion. Le rapport de M. le ministre déclare lui-même que cette mesure *permettra de récompenser un inspecteur qui aurait rendu d'utiles services sur un établissement peu important en le faisant passer à une résidence meilleure.*

Ce qui est relatif aux *inspecteurs adjoints* nous paraît réclamer quelques éclaircissements.

Les inspecteurs adjoints sont nommés suivant le décret du 28 janvier, comme d'après l'ordonnance de 1823, *à l'effet de remplacer le titulaire en cas d'absence, de maladie ou de tout autre empêchement.*

Mais le décret du 28 janvier ajoute à l'article 8 : *Les inspecteurs adjoints ne reçoivent pas de traitement, sauf le cas où ils auraient remplacé le médecin inspecteur pendant une partie notable de la saison, et, dans ce cas, il leur est alloué une indemnité prise sur le traitement de l'inspecteur, et fixée par le ministre de l'agriculture, du commerce et des travaux publics.*

Il ne paraîtrait y avoir jusqu'ici de nouveau que le principe de l'indemnité, le décret du 28 janvier semblerait n'avoir changé ni le caractère ni les attributions des inspecteurs adjoints ; mais les explications, données par le ministre dans son rapport, tendent à modifier singulièrement la situation. Ces explications sont assez importantes pour être reproduites intégralement.

Tandis qu'aujourd'hui le règlement est appliqué en ce sens que la présence des titulaires, même lorsqu'ils ne peuvent satisfaire à toutes les obligations du service, ne permet pas d'en confier une partie aux adjoints, il est, au contraire, formellement entendu qu'à l'avenir l'impossibilité par le titulaire de pourvoir à toutes les nécessités de l'inspection sera considérée comme un motif d'empêchement, que le service pourra dans ce sens être réparti entre l'inspecteur et l'inspecteur adjoint, et le règlement stipule pour ce même cas l'allocation à l'adjoint d'une indemnité prise sur le traitement de l'inspecteur.

Il n'est peut-être pas très-aisé de se rendre un compte exact de la situation nouvelle créée aux inspecteurs et aux inspecteurs adjoints dans leurs rapports réciproques. Qui décidera *l'impossibilité pour le titulaire de pourvoir à toutes les nécessités de l'inspection?* Ce sera sans doute le titulaire lui-même. Assurément nous ne supposons pas que la perspective d'avoir à partager un traitement aussi minime que celui qui lui est alloué, même dans la 1re classe, ait à influer en aucun sens sur sa détermination. Mais cela suppose que l'inspecteur adjoint est considéré comme subordonné à l'inspecteur, ce qui n'existait pas sous le régime de l'ordonnance de 1823. Nous nous expli-quons :

Il résulte clairement de la désignation même de leur titre, que les inspecteurs adjoints doivent être chargés des servi-ces de l'inspecteur empêché, soit direc-tement sur l'avis de ce dernier, soit par l'intermédiaire de l'autorité. Cela ne crée en soi aucune condition de subordina-tion réelle, et les termes même de l'ar-ticle 8 du décret ne semblent pas préci-sément apporter de changement sous ce rapport au régime précédent.

Mais si l'inspecteur est autorisé à dé-tacher à volonté de son service quelque partie, plus pénible ou plus onéreuse que telle autre, pour l'imposer à l'inspecteur adjoint, même avec allocation d'une in-demnité, nous disons que la situation faite à ce dernier est tout à fait nouvelle, et qu'il devient le subordonné direct de l'inspecteur.

Nous n'entendons émettre aucune ap-préciation au sujet de ce nouvel ordre de choses : c'est un fait que nous constatons, et qui ressort très-explicitement des ter-mes du rapport.

Nous avons supposé que le médecin inspecteur serait juge lui-même de *l'im-possibilité de pourvoir à toutes les nécessités de l'inspection.* Cependant rien, dans le rapport, non plus que dans le décret, n'exprime que, dans des circonstances données, l'autorité administrative n'interviendra pas elle-même pour décider de cette impossibilité. Quant à la fixation de l'indemnité à prélever sur le traitement des médecins inspecteurs, elle sera faite par le ministre.

C'est également le ministre sans doute qui fixera le sens un peu vague de l'article 8, qui stipule un prélèvement en raison du remplacement de l'inspecteur *pendant une partie notable de la saison.*

Nous devons ajouter du reste que les localités thermales où pourra se rencontrer *l'impossibilité de pourvoir à toutes les nécessités de l'inspection* sont en très-petit nombre, et que les règlements particuliers d'administration permettront d'établir ainsi d'une manière plus formelle la situation réciproque de l'inspecteur et de l'inspecteur adjoint, au point de vue du service.

La division des inspections en trois classes, ainsi que la fixation du traitement qui se rapporte à chacune, ne modifie pas ce qui existait antérieurement. Seulement elle a l'avantage de régulariser la situation.

Nous ferons remarquer cependant que, d'après le décret du 28 janvier, l'inspection médicale cesse d'exister près des établissements dont le revenu n'atteint pas 1,500 francs, et que le même article 6 consacre en principe l'envoi d'*inspecteurs en tournée*, près des établissements thermaux, fait très-nouveau, sauf ce qui concerne les fonctions de l'inspecteur général des services sanitaires. Nous considérons cette innovation comme fort intéressante en elle-même : mais nous ne saurions nous dispenser de nous arrêter un peu sur la portée que peut avoir la *suppression de l'inspection médicale*, pour une série assez nombreuse d'établissements thermaux et nécessairement pour ceux qui viendront à se créer.

L'installation d'un établissement thermal ne pouvant avoir, pour ceux qui l'entreprennent, qu'un but industriel, exige un intermédiaire entre cet établissement même et le public, pour lui créer la notoriété nécessaire à sa propre existence. Or, la notoriété ne peut s'établir, pour une station thermale, que par la réclame ou par la publicité scientifique.

La première est de sa nature inintelligente, exagérée et le plus souvent infidèle. Le concours d'un médecin peut seul lui servir de correctif, et offrir de sérieuses garanties d'expérience et de sincérité.

Priver un établissement naissant d'inspection médicale, n'est-ce pas le condamner à un isolement mortel ou aux témérités de la réclame? Sans doute un concours médical officieux peut toujours être cherché et probablement obtenu; mais c'est dans des conditions bien différentes de celles qui résultaient d'un concours officiel, désigné et garanti par l'administration supérieure.

L'article 1 du décret renferme également une disposition nouvelle, dont la portée ne saurait non plus être méconnue. Cet article est ainsi conçu : *Un médecin inspecteur est attaché à 'toute localité comprenant un ou plusieurs établissements d'eaux minérales naturelles....*et le rapport exprime de son côté qu'*à l'avenir il n'y aura qu'un médecin inspecteur par localité, quel que soit le nombre des établissements que cette localité renferme.* Nous demanderons cependant ce que le décret et le rapport entendent par *localité.* Cette délimitation se basera-t-elle sur l'enceinte communale, ou bien sur le *périmètre de protection?*

Les articles 9, 10, 11 et 14 n'innovent rien, pour ce qui concerne la surveillance à exercer par les inspecteurs sur les établissements thermaux, les soins à donner aux indigents, etc. Seulement l'article 14 du décret formule beaucoup mieux que l'ordonnance de 1823 la marche que le médecin inspecteur doit suivre dans le cas de contravention ou infraction aux règlements.

L'article 12, avec beaucoup de sagesse, s'oppose à ce que les *médecins inspecteurs ou inspecteurs adjoints soient intéressés dans aucun des établissements qu'ils sont chargés d'inspecter*.

Nous avons du reste trouvé la trace de recommandations semblables dans des documents du dernier siècle, et l'article 23 de l'ordonnance royale de 1823 était déjà conçu dans le même sens.

Enfin l'article 13 consacre et régularise l'intervention des *ingénieurs des mines* dans les établissements thermaux situés dans leur circonscription, circonstance à laquelle on doit attacher une grande importance, dans l'intérêt des progrès de l'hydrologie générale et dans l'intérêt des établissements eux-mêmes.

TITRE II.

Des conditions générales d'ordre, de police et de salubrité, auxquelles les établissements d'eaux minérales naturelles doivent satisfaire.

Ce titre commence par l'article 15 ainsi conçu :

L'usage des eaux n'est subordonné à aucune permission ni à aucune ordonnance de médecin.

Cet article a été l'objet d'une certaine émotion dans le corps médical. Cette émotion nous paraît peu légitime. L'article 15 a sans doute été mal compris, ou du moins la portée en a été singulièrement exagérée.

On voudra bien remarquer d'abord qu'il ne change rien, en réalité, au régime sous lequel la médecine des établissements thermaux a vécu jusqu'ici; et l'article 16, qui en est le complément, ne fait que reproduire à peu près textuellement les termes de l'article 8 de l'ordonnance de 1823.

Celle-ci n'établissait aucune règle générale touchant l'usage médical des eaux; et dans la plupart des stations, cet usage n'était *subordonné à aucune ordonnance médicale*, comme le dit l'article 15 du décret actuel. Seulement, en vertu de l'article 8 de la même ordonnance, article que nous reproduirons plus loin, quelques établissements bien ordonnés tels que Vichy, le Mont-Dore, etc., possédaient des règlements particuliers qui astreignaient l'usage des eaux (non pas leur usage en boisson, mais leur usage externe, bains, douches, etc.), à la condition d'une prescription médicale.

Mais revenons au décret du 28 janvier;

nous essayerons d'en faire comprendre l'économie, comme nous la comprenons nous-même.

Lorsque l'article 15 déclare que : *l'usage des eaux n'est subordonné à aucune permission ni à aucune ordonnance de médecin,* on doit se demander d'abord ce qu'il entend par *usage des eaux.* Cela veut-il dire un usage quelconque, un usage arbitraire, abusif, désordonné? Non sans doute. Ce n'est là qu'un principe général, abstrait jusqu'à un certain point, et qui ne peut être relatif qu'à l'usage réduit à sa plus simple expression, et indépendant de toutes les formes d'application que la pratique peut exiger : en un mot, *l'usage non médical.*

Cette interprétation ne serait pas conforme à la raison, et implicitement contenue dans l'article 16 du décret, que le rapport de M. le ministre ne nous laisserait aucun doute à ce sujet. Le passage auquel nous faisons allusion mérite d'être reproduit textuellement.

Si l'on considère que les eaux minérales sont jusqu'à un certain point de véritables remèdes, dont l'emploi intempestif peut avoir, dans certains cas, de regrettables conséquences, on sera porté à se demander pourquoi l'usage en serait plus libre que celui des remèdes qui, en général, ne sont délivrés que sur une ordonnance de médecin. Mais il a paru, d'un autre côté, qu'il ne serait véritablement pas possible d'astreindre à la production d'une ordonnance médicale *toutes les personnes* qui se présentent à un établissement thermal pour y prendre les eaux. Combien de touristes qui, chaque année, s'arrêtent quelques jours seulement dans une localité où il y a des eaux minérales, et qui, pendant leur séjour, prennent quelques bains ou boivent quelques verres d'eau sans qu'il puisse en résulter pour leur santé aucun inconvénient! Conviendra-t-il de leur imposer l'obligation d'une ordonnance de médecin?

On voit que si le rapport ministériel n'admet pas dans la pratique l'assimilation absolue des eaux minérales avec les remèdes, dont l'emploi intempestif est dangereux et dont la délivrance est soumise à des prescriptions réglementaires, du moins il en accepte le principe. Seulement il refuse de l'appliquer aux touristes qui prendraient par hasard quelques bains ou quelques verres d'eau. Nous n'y voyons pas grand inconvénient. Mais le rapport, en exprimant que l'on ne peut astreindre à la prescription médicale *toutes les personnes* qui se présentent à un établissement thermal, exprime très-clairement qu'il en est que l'on peut astreindre à cette prescription. Quels seront ces derniers? Ce seront les malades, c'est-à-dire ceux qui viennent, non pas *prendre*

*quelques bains et boire quelques verres d'eau
sans qu'il en puisse résulter aucun inconvénient pour leur santé*, mais suivre un traitement dont la direction doit exercer sur
leur santé l'influence de toute direction
curative, favorable si elle est méthodique,
nuisible si elle ne l'est pas. Or, comme
la population qui afflue près des établissements thermaux se compose en très-
grande majorité de malades, il est évident
que la nécessité réglementaire de la prescription atteindra la plupart de ceux qui
auront à faire usage des eaux minérales.

Le rapport de M. le ministre ne serait
pas venu nous éclairer sur ce sujet, que
les termes de l'article 16 ne devraient
nous laisser aucun doute sur la pensée
des auteurs du décret. Voici cet article :

Dans tous les cas où les besoins du service l'exigent, des règlements arrêtés par
le préfet, les propriétaires, régisseurs ou
fermiers préalablement entendus, déterminent les mesures qui ont pour objet :

La salubrité des cabinets, bains, douches,
piscines, et, en général, de tous les locaux
affectés à l'administration des eaux ;

Le libre usage des eaux ;

L'exclusion de toute préférence dans les
heures, pour les bains et douches ;

L'égalité des prix, sauf les réductions
qui peuvent être accordées aux indigents ;

La protection particulière due aux malades ;

Les mesures d'ordre et de police à observer par le public, soit à l'intérieur, soit aux abords;

La séparation des sexes [1].

Les auteurs du décret ont parfaitement compris que toutes ces questions de police locale ne pourraient être traitées que dans des règlements particuliers, adaptés aux exigences de chaque localité. Au nombre de ces questions se trouve le *libre usage des eaux*. Le libre usage des eaux doit donc être réglementé, c'est-à-dire, dans l'espèce, soumis aux restrictions commandées par l'intérêt des malades et les nécessités du service. La mention faite de la *protection particulière due aux malades* nous paraît rentrer dans le même ordre d'idées. Une fois assurées la *salubrité, l'exclusion de toute préférence, l'égalité des prix*, les malades n'ont besoin d'être *protégés* que contre eux-mêmes,

---

[1] Voici l'article 8 de l'ordonnance de 1823 : « *Partout où l'affluence du public l'exigera, les préfets, après avoir entendu les propriétaires et les inspecteurs, feront des règlements particuliers qui auront en vue l'ordre intérieur, la salubrité des eaux, leur libre usage, l'exclusion de toute préférence dans les heures à assigner aux malades pour les bains ou douches, et la protection particulière due à ces derniers dans tout établissement placé sous la surveillance spéciale de l'autorité.* »

On voit que le décret du 28 janvier n'a guère fait que reproduire cet article où l'on trouve déjà le libre usage des eaux.

c'est-à-dire contre les dangers que leur inexpérience ou leur imprudence pourrait leur faire courir.

Le rapport exprime très-justement que *toute personne raisonnable ne manquera pas de prendre les précautions* nécessaires dans l'intérêt de sa santé, *près de certaines eaux minérales dont l'emploi peut ne pas être inoffensif.* Nous sommes convaincu qu'il en sera ainsi dans la grande majorité des cas. Mais nous ferons remarquer que l'on ne s'en est pas rapporté à l'instinct de la conservation personnelle, dans la police des chemins de fer, et que les mesures rigoureuses, prises dans un but de *protection*, ne parviennent qu'incomplétement encore à prévenir des accidents à peu près exclusivement dus à *l'imprudence*.

En résumé : laisser le libre usage des eaux aux personnes bien portantes, c'est-à-dire qui n'ont à en faire qu'un usage superficiel en quelque sorte et passager, ou ne doivent user que des modes d'administration les plus simples ou les plus innocents, ou d'eaux minérales qui sont absolument inoffensives ; exiger la prescription médicale des véritables malades, ou de ceux qui devront faire usage de modes d'administration compliqués ou délicats, ou d'eaux minérales qui *peuvent ne pas être inoffensives*, tel nous paraît

être le véritable esprit du décret com-
menté par M. le ministre.

Mais comment distinguer entre ces
conditions diverses?

Ce problème nous paraît facile à ré-
soudre.

Il est d'abord une série d'eaux minérales près desquelles nous comprenons
que le libre usage n'ait pas besoin d'être
réglementé : ce sont des eaux digestives,
dites *de table,* parfaitement inoffensives
par elles-mêmes, telles que Saint-Gal-
mier, Condillac, Alet, Châteldon, etc.

Mais près du plus grand nombre des
stations, la réglementation du libre usage
des eaux se basera naturellement sur la
distinction des modes d'administration
des eaux, suivant que ceux-ci se rappro-
cheront des moyens hygiéniques, ou
bien qu'ils seront exclusivement médi-
camenteux.

Le *bain* sera rangé dans la première
catégorie.

Le libre usage pourra se limiter au sujet de la *quantité* ou de la *qualité* des bains.
On fixerait ainsi le nombre de bains qui
pourrait être délivré sans prescription
médicale. Nous déclarons en effet que,
près de la plupart des stations thermales,
les bains même relativement les plus
simples, pris en nombre indéterminé, ne
sauraient être absolument *inoffensifs* pour

les individus bien portants, comme pour ceux à l'état de santé desquels ils ne se rapportent pas.

Si cependant cette solution n'est pas admise, on pourra réglementer le libre usage des bains d'après leur *nature* ou leur *composition* : c'est-à-dire établir réglementairement, près de chaque station, que le bain, pris en dehors de la prescription médicale, aurait telle teneur en eau minérale, ou appartiendrait à telle source, ou n'excéderait pas telle température ou telle durée. Exemples : à Luchon et à Cauterets, les bains qui appartiendraient aux sources les plus douces; à Vichy, le bain coupé de moitié d'eau douce ; partout le bain n'excédant pas une durée d'une heure et une température de 34° centigrades.

Bien que nous puissions assurer qu'il est des individus atteints de maladies du cœur ou de goutte, chez lesquels dans de telles conditions un seul bain de ce genre pris inopportunément à Luchon, à Vichy, ou près de sources analogues, pourrait déterminer des accidents très-graves et même mortels, cependant nous convenons volontiers que dans la grande majorité des cas, on ne courra pas de risque très-sérieux à faire usage à tort et à travers de bains ainsi déterminés.

Mais il est facile de soustraire au libre

usage, c'est-à-dire à la fantaisie ou à la curiosité, les bains de 44° du Mont-Dore, de Balaruc, etc. ; les piscines chaudes de Néris dont nous avons rappelé ailleurs les propriétés abortives[1]; les bains des sources les plus actives de Luchon, les bains d'eau minérale pure de Vichy, etc.

A plus forte raison en sera-t-il ainsi pour tous les agents balnéothérapiques, tels que *douches, étuves, aspirations.*

Un touriste ou un curieux n'a que faire de ces sortes de choses. Et leur libre usage aurait le double inconvénient de mettre à la disposition d'individus, malades ou non, des moyens dangereux quand ils ne sont pas indiqués ou qu'ils sont mal appliqués, et de troubler singulièrement les services.

En veut-on un exemple ? La plupart des malades à Vichy ont une idée fixe, c'est de prendre la *douche ascendante.* Nous accordons que parmi ceux à qui on la refuse, parce qu'elle ne leur est pas utile, il en est quelques-uns qui pourraient sans grand inconvénient s'en passer la fantaisie. Mais sans parler de ceux qui s'en trouveraient mal, comme les appareils de ce genre sont nécessairement en nombre limité dans un établissement, il résulterait d'un pareil laisser-aller un

[1] Voir la *Gazette des Eaux* du 10 mars 1859.

véritable encombrement dans le service, et les indications réel'es auraient fort à en souffrir.

Supposons cependant que tel règlement local déterminât le libre usage des douches. Nous dirons que ce serait tout simplement impraticable.

En effet, lorsqu'un individu se présente pour prendre une douche, les questions suivantes devront lui être posées : à quelle température ? de quelle durée ? avec quel appareil spécial ? de quelle hauteur (là où il en existe de différentes)? Sur quelle partie du corps ? Aucun écart ne saurait être indifférent sur chacun de ces sujets, et les plus graves inconvénients résulteraient le plus souvent de leur application inopportune. Or le malade non muni d'une prescription médicale répondra nécessairement à tout cela à peu près au hasard, ou, dans son ignorance, préférera s'en rapporter au garçon de service, lequel deviendra ainsi le réel dispensateur de ces puissants moyens. Il ne faut pas avoir beaucoup de pratique des établissements thermaux, pour savoir que les choses se passeront ainsi la plupart du temps.

Cependant nous trouvons dans le rapport de M. le ministre une objection à la *prescription médicale*, laquelle semblerait s'appliquer même aux cas limités où nous la supposons exigée :

A supposer même que la prescription soit écrite, comment en assurer l'exécution? Comment constater que l'ordonnance représentée au directeur d'un établissement émane en réalité d'un médecin ? Il faudra donc exiger des légalisations de signatures? Que d'embarras, que de difficultés pour une précaution que toute personne raisonnable ne manquera pas de prendre elle-même avant de faire usage de certaines eaux minérales dont l'emploi peut n'être pas inoffensif !

Il nous sera permis de faire remarquer que l'expérience a déjà répondu à cette objection, près des établissements thermaux où la prescription médicale est actuellement exigée, et d'ajouter qu'une semblable objection atteint la législation même qui règle l'exercice de la pharmacie. En effet, lorsqu'on présente à un pharmacien de n'importe quelle localité une ordonnance émanant d'un médecin d'une autre localité, et revêtue par conséquent d'une signature parfaitement inconnue, cette ordonnance est toujours exécutée sans la moindre difficulté. Il ne saurait y avoir d'exception que pour la délivrance de substances particulièrement *toxiques*, ou à dose inusitée, ce qui ne saurait trouver d'équivalent sur le terrain où nous sommes.

Que des fraudes ou même des faux puissent être commis, ce n'est pas impos-sible. Mais du moins l'administration aura mis sa responsabilité à couvert, et à supposer qu'une chose aussi grave vînt à être risquée pour un si mince intérêt, ce serait aux risques et périls de celui qui la commettrait.

Du reste on voudra bien remarquer encore que du moment que la prescription médicale n'est exigée que pour certains modes plus ou moins compliqués de l'ad-ministraticn des eaux, les malades de-vront presque toujours recourir aux mé-decins de la localité thermale, dont les prescriptions offriront toute l'authenticité désirable : en effet, les médecins qui y sont étrangers se contentent habituelle-ment d'indications générales, et se dis-pensent des formules spéciales dont nous avons démontré la nécessité, dès qu'il s'a-git de l'application immédiate des eaux.

TITRE III.

Des bases et du mode de répartition des frais de l'inspection médicale et de la surveillance des établissements d'eaux minérales natu-relles.

Ce titre réalise l'application de l'art. 18 de la loi du 14 juillet 1856, ainsi conçu :

La somme nécessaire pour couvrir les

frais d'inspection médicale et de surveillance des établissements d'Eaux minérales autorisées est perçue sur l'ensemble de ces établissements.

Le montant en est déterminé tous les ans par la loi de finances.

La répartition en est faite entre les établissements, au prorata de leurs revenus.

Le recouvrement a lieu, comme en matière de contributions directes, sur les propriétaires, régisseurs ou fermiers des établissements.

Nous rappellerons en quelques mots les principaux traits de ces dispositions nouvelles.

Il est inscrit tous les ans, au budget du ministère de l'agriculture, du commerce et des travaux publics, une somme consacrée :

1º Au traitement des médecins inspecteurs (art. 7) ;

2º Aux frais généraux d'inspection des établissements dont le revenu n'atteint pas 1,500 francs (art. 5) ·

3º Aux frais généraux de visite et d'inspection par les ingénieurs des mines (art. 13).

Pour couvrir ces frais, il sera prélevé une somme équivalente sur les divers établissements thermaux , d'après l'état des produits et des dépenses dressé par les propriétaires et régisseurs (art. 24) ;

Les produits comprennent les revenus afférents aux bains, douches, buvettes, vente des eaux (art. 25) ;

Les dépenses, toutes celles concernant

l'exploitation, non comprises les dépenses extraordinaires, ainsi grosses réparations, travaux de recherche et de captage, acquisitions de terrains, etc. (art. 26 et 27). Le revenu qui sert de base à la répartition est l'excédant des produits sur les dépenses (art. 28).

Assurément, une fois admis le principe de faire contribuer directement les établissements thermaux aux charges en question, et, pour notre compte, nous l'acceptons parfaitement, ces dispositions paraissent excellentes. Les bases de la répartition semblent distribuées très-équitablement. Elles n'atteignent pas ceux qui ne possèdent point un revenu déterminé, et il n'est pas possible qu'elles deviennent jamais oppressives, grâce à la modicité des indemnités attribuées aux médecins-inspecteurs ; la somme destinée à couvrir les frais généraux d'inspection et de surveillance ne pouvant excéder 10 % du montant total de ces indemnités.

Mais de semblables dispositions exigent d'être sincèrement exécutées. Il convient que cet impôt, comme tout impôt proportionnel, soit soumis à un contrôle suffisant pour en garantir la distribution équitable. Mais ce contrôle suffisant ne nous apparaît pas.

Les établissements thermaux auront

évidemment intérêt à dissimuler l'effectif de leurs recettes et à élever celui de leurs dépenses. Il faut bien se persuader, en effet, que la plupart des exploitations thermales sont loin d'être florissantes, et qu'elles chercheront à se soustraire autant que possible à une obligation qu'elles envisageront surtout comme un impôt.

Sur ce point, le décret se préoccupe beaucoup moins de l'intérêt des établissements eux-mêmes, que de ceux de l'administration. Celle-ci n'a pas besoin de garantie : c'est elle qui détermine et qui prélève la somme exigée par les services qu'elle établit. Elle est assurée de se trouver toujours couverte. Mais qui démontre que la distribution en sera équitablement faite entre les établissements, que ceux qui auront présenté une déclaration sincère ne payeront pas plus que ceux qui auront fait une dissimulation ?

Il faut toujours, en matière de contributions proportionnelles, supposer ce dernier cas. Une des plus grandes objections que l'on ait élevées contre l'impôt sur le revenu, c'est la difficulté d'obtenir des déclarations sincères et de les contrôler. Ici c'est un impôt sur le revenu. Quels sont les moyens de contrôle de l'administration ?

L'article 29 porte que :

Les états de produits et de dépenses sont

communiqués par le préfet à une commission présidée par lui ou par son délégué, et qui est composée d'un membre du conseil général ou du conseil d'arrondissement, du directeur des contributions directes, de l'inspecteur des mines et du médècin-inspecteur de l'établissement;

et l'article 30 que :

L'avis de cette commission est soumis à l'examen d'une commission centrale nommée par le ministre, etc.

Il ne s'agit ici que de la *commission préfectorale*, instituée par l'article 27. Il est évident que, près d'une telle commission, la comptabilité d'un établissement thermal, pourvu qu'elle paraisse régulière et vraisemblable, passera telle quelle; et qu'à moins d'irrégularités inacceptables ou de notoriétés formelles, l'administration hésitera toujours à s'embarquer dans une instruction rétrospective, dont elle ne ressentira même pas à un haut degré l'intérèt, puisque le total de la somme définive à toucher n'aura pas à souffrir de telle ou telle irrégularité.

En effet, si des comptes de dépenses ne peuvent guère être présentés d'une manière inexacte, sans subir des altérations devant lesquelles nous admettons que l'on reculera le plus souvent, quoi de plus facile que de présenter d'une manière inexacte des comptes de recette, alors qu'il s'agit de détails infinis et de choses qui ne laissent pas de traces, comme tout ce qui a trait aux bains, aux articles de lingerie, etc.? Tout ce que la commission pourra faire, sera de constater non la sincérité, mais la régularité des écritures ; et les membres qui la composent, vivant tous en dehors des installations, et le plus souvent des localités thermales elles-mêmes, ne pourront exercer qu'un contrôle illusoire à ce sujet.

Nous nous trompons cependant. Il en est un sur qui seul roulera cette question de vérification et de contrôle : c'est le *médecin inspecteur*.

A ce propos, nous insisterons quelque peu sur la situation particulière qui se trouve faite aux médecins inspecteurs des eaux minérales.

Nous avons étudié dans de précédents articles (voir la *Gazette des Eaux* des 12 et 19 janvier) les obligations du médecin inspecteur relatives au puisement et à l'expédition des eaux minérales, c'est-à-dire à la surveillance de la partie purement commerciale des exploitations thermales, obligations déterminées par l'article 16 de l'ordonnance du 18 juin 1823, et qui n'ont point été abrogées par le décret du 28 janvier 1860.

Nous avons fait remarquer que, d'après les termes de cet article, le médecin in-

specteur était tenu d'assister en personne au puisement des eaux minérales
et d'en contrôler directement l'expédition; prescription illusoire, puisqu'elle
est d'une application impossible, et
fâcheuse pour le caractère du médecin
inspecteur, puisqu'elle le tient sous le
coup, et les exemples n'en manquent
pas, d'exigences soit abusives de la part
des propriétaires, soit onéreuses de la
part de l'administration.

Voici maintenant le médecin trans-
formé en agent du fisc, seul compétent
auprès de la commission préfectorale,
pour vérifier l'exactitude des comptes
et la sincérité des déclarations.

Il n'est pas nécessaire de faire ressortir
la situation nouvelle qui se trouve créée
pour lui près des établissements thermaux, l'état de suspicion où il sera tenu
ici, les occasions de solidarité qui lui
seront offertes ailleurs, le rôle purement
passif ou négatif que s'assigneront les
plus sages, sinon les plus fidèles à leur
mandat.

Voici donc le médecin inspecteur, s'il
veut suivre à la lettre les obligations qui
lui sont imposées, chargé d'assister,
comme le moindre surveillant, au puisement des eaux ; de contrôler comme
un commissaire de police l'expédition
des eaux, la conformité relative des de-

mandes, des puisements et des envois; de surveiller, comme un agent du fisc, les produits et les dépenses des établissements thermaux.

Que lui présente-t-on en échange? est-ce un traitement dont le chiffre réponde à des fonctions pénibles ou délicates, ou qui, par sa désignation même, concoure à rehausser sa position personnelle? Ou bien est-ce une situation considérable, digne de sa profession et des services qu'il a à rendre dans la matière? Ce ne sera ni l'un ni l'autre.

Le traitement des médecins inspecteurs n'existe que pour la forme. Dans un établissement quelconque, il égale à peine les émoluments des employés les plus infimes.

La situation? Mais c'est sur le terrain médical que cette situation devait être agrandie et assurée. Or, c'est sur ce terrain qu'elle se trouve annihilée. On réclame du médecin-inspecteur toutes sortes de services, moins des services médicaux. Bien plus, on a soin de déclarer que l'on peut parfaitement se passer de ces derniers, que l'intervention du médecin est inutile dans la dispensation des eaux minérales; le public en sera dûment prévenu. Ce n'est pas sans quelque sentiment d'amertume que nous nous laissons aller à ce rapprochement.

Si l'article 16, relatif au *libre usage* des eaux, a produit dans le corps médical une pénible impression, ce n'est pas que ses intérets matériels aient à en souffrir. Comme nous l'avons déjà fait remarquer, l'article 16 ne change rien à la situation effective de la médecine près de la plupart des établissements, là même où elle s'exerçait de la façon la plus active et la plus brillante. Le libre usage des eaux ne pourrait, par son extension, avoir d'autre effet que de multiplier les occasions de l'intervention médicale.

Mais au moins, jusqu'ici, la prétendue innocuité des eaux minérales sous toutes leurs formes, et la soi-disant inutilité de l'intervention médicale, n'avaient pas été décrétées et présentées comme la règle aux yeux du public.

Et pourtant le corps médical, dont le rôle se trouve ainsi réduit et dont l'intervention est amoindrie sur le seul terrain où elle devait dominer, que seraient sans lui les eaux minérales, cette source intarissable de revenus pour l'État, de fortune pour les populations?

Et que valent ces compensations illusoires qu'on lui attribue si gratuitement dans l'exercice de sa profession? Si la majeure partie des établissements thermaux sont loin de prospérer, comme nous l'avons déjà signalé, que dirons-nous des postes médicaux qu'elles constituent? Près de beaucoup d'entre eux, la médecine rétribuée est l'exception. Près de tous et des plus prospères, la médecine gratuite, officielle ou non, tient une place considérable.

Nous bornerons ici ces considérations et nous répéterons ce que nous avons dit en commençant : notre intention n'a point été de blâmer les mesures présentées dans le décret du 18 janvier. D'abord, nous n'avons qu'à nous incliner devant la loi ; puis, il ne nous appartient pas de critiquer ce qui n'a plus qu'à être mis à exécution.

Mais nous avons jugé utile de faire ressortir les avantages ou les inconvénients des divers points de vue auxquels les questions soulevées par le décret pouvaient être saisies, et d'indiquer, à quelques égards, les solutions dictées par la connaissance pratique du sujet.

En effet, de même que la loi de 1856 devait être complétée par un décret d'administration publique, de même le décret du 28 janvier doit être complété par des règlements particuliers d'administration.

C'est précisément parce qu'ils l'entendaient ainsi, que ses auteurs se sont tenus dans des généralités qui en ren-

dent impossible l'application littérale
et uniforme. Comme nous l'avons nous-
même écrit depuis longtemps, l'organisation des eaux minérales ne peut être
mesurée au lit de Procuste. Elle doit
changer suivant ses sujets. La loi de
1856 avait établi de grands et salutaires
principes ; le décret du 18 janvier con-
tient des bases excellentes pour toute
application de détail.

Mais ce serait méconnaître son esprit,
comme la nécessité des choses, que de
croire qu'il puisse être l'expression der-
nière de l'administration éclairée à laquelle appartiennent les eaux minérales.

DÉCRET IMPÉRIAL

Sur l'Organisation de l'Inspection médicale et la surveillance des Sources et Établissements d'eaux minérales naturelles.

TITRE Ier.

Dispositions concernant l'inspection médicale et la surveillance des sources et des établissements d'eaux minérales naturelles.

Art. 1er. Un médecin inspecteur est attaché à toute localité comprenant un ou plusieurs établissements d'eaux minérales naturelles dont l'exploitation est reconnue comme devant donner lieu à une surveillance spéciale, sous la réserve mentionnée en l'art. 5 ci-après.

Une même inspection peut comprendre plusieurs localités dans sa circonscription lorsque le service le comporte.

Art. 2. Dans le cas où les nécessités du service l'exigent, un ou plusieurs médecins peuvent être adjoints au médecin inspecteur, sous le titre d'inspecteurs adjoints, à l'effet de remplacer le titulaire en cas d'absence, de maladie ou de tout autre empêchement

Art. 3. Le ministre de l'agriculture, du commerce et des travaux publics nomme et révoque les médecins inspecteurs et les médecins inspecteurs adjoints.

Art. 4. Les inspections médicales sont divisées en trois classes, suivant le revenu de l'ensemble des établissements qui sont compris dans la localité ou la circonscription. La première classe se compose des inspections où l'ensemble des établissements donne un revenu de 10,000 francs ; la seconde, des inspections où ce revenu est de 5,000 à 10,000 francs ; la troisième, des inspections où ce même revenu est de 1,500 à 5,000 francs.

Art. 5. Au-dessous d'un revenu de 1,500 francs, il n'y a pas d'inspecteur spécialement attaché à la localité, et l'inspection médicale consiste dans les visites faites par des inspecteurs envoyés en tournée par le ministre de l'agriculture, du commerce et des travaux publics, lorsqu'il le juge convenable.

Art. 6. Le tableau de classement des inspections médicales est arrêté par le ministre. Il est revisé tous les cinq ans, sans préjudice du classement des établissements nouveaux qui seraient ouverts dans l'intervalle.

La base du classement est la moyenne des revenus des cinq dernières années, calculés comme il est dit à l'article 28 ci-après.

Art. 7. Les traitements affectés aux médecins inspecteurs sont réglés ainsi qu'il suit :

Dans les inspections de

1re classe.......	1,000 fr.
2e classe.......	800
3e classe.......	600

Art. 8. Les inspecteurs adjoints ne reçoivent pas de traitement, sauf le cas où ils auraient remplacé le médecin inspecteur pendant une partie notable de la saison, et, dans ce cas, il leur est alloué une indemnité prise sur le traitement de l'inspecteur et fixée par le ministre de l'agriculture, du commerce et des travaux publics.

Art. 9. Pendant la saison des eaux, le médecin inspecteur exerce la surveillance sur toutes les parties

de l'établissement affectées à l'administration des eaux
et au traitement des malades, ainsi que sur l'exécution des dispositions qui s'y rapportent.

Les dispositions du paragraphe précédent ne peuvent être entendues de manière à restreindre la liberté
qu'ont les malades de suivre la prescription de leurs
propres médecins, ou d'être accompagnés par lui s'ils
le demandent, sans préjudice du libre usage des eaux
réservé par l'article 15.

Art. 10. Les inspecteurs ne peuvent rien exiger des
malades dont ils ne dirigent pas le traitement, ou
auxquels ils ne donnent pas de soins particuliers.

Art. 11. Ils soignent gratuitement les indigents
admis à faire usage des eaux minérales, à moins que
ces malades ne soient placés dans des maisons hospi-
talières où il serait pourvu à leur traitement par les
autorités locales.

Art. 12. Les médecins inspecteurs ou inspecteurs
adjoints ne peuvent être intéressés dans aucun des
établissements qu'ils sont chargés d'inspecter.

Art. 13. Lorsque les besoins du service l'exigent,
l'administration fait visiter par les ingénieurs des mines les établissements thermaux de leur circonscription.

Les frais des visites spéciales faites par les ingénieurs des mines, en dehors de leurs tournées régu-
lières, sont imputés sur la somme annuelle fournie
par les établissements d'eaux minérales, conformément
à l'article 18 de la loi du 14 juillet 1856.

Art. 14. Le médecin inspecteur et l'ingénieur des
mines informent le préfet des contraventions et des
infractions aux règlements sur les eaux minérales qui
viennent à leur connaissance. Ils proposent, chacun
en ce qui le concerne, les mesures dont la nécessité
leur est démontrée.

TITRE II.

*Des conditions générales d'ordre, de police et de salu-
brité auxquelles les établissements d'eaux minérales
naturelles doivent satisfaire.*

Art. 15. L'usage des eaux n'est subordonné à aucune permission, ni à aucune ordonnance de médecin.

Art. 16. Dans tous les cas où les besoins du service
l'exigent, des règlements, arrêtés par le préfet, les
propriétaires, régisseurs ou fermiers préalablement
entendus, déterminent les mesures qui ont pour
objet :

La salubrité des cabinets, bains, douches, piscines,
et, en général, de tous les locaux affectés à l'administration des eaux ;

Le libre usage des eaux ;

L'exclusion de toute préférence dans les heures,
pour les bains et douches ;

L'égalité des prix, sauf les réductions qui peuvent
être accordées aux indigents ;

La protection particulière due aux malades ;

Les mesures d'ordre et de police à observer par le
public, soit à l'intérieur, soit aux abords ;

La séparation des sexes.

Art. 17. Ces règlements restent affichés dans l'intérieur de l'établissement et sont obligatoires pour les
personnes qui le fréquentent, aussi bien que pour les
propriétaires, régisseurs ou fermiers, et pour les employés du service.

Les inspecteurs ont le droit de requérir, sauf recours
au préfet, le renvoi des employés qui refuseraient de
se conformer aux règlements.

Art. 18. Un mois avant l'ouverture de chaque saison, les propriétaires, régisseurs ou fermiers des établissements d'eaux minérales envoient aux préfets le

tarif détaillé des prix correspondant aux modes divers suivant lesquels les eaux sont administrées et les accessoires qui en dépendent.

Il ne peut être apporté aucun changement pendant la saison.

Sous aucun prétexte, il n'est exigé ni perçu aucun prix supérieur au tarif, ni aucune somme en dehors du tarif pour l'emploi des eaux.

Art. 19. Le tarif prévu à l'article précédent est constamment affiché à la porte principale et dans l'intérieur de l'établissement.

Art. 20. A l'issue de la saison des eaux, le propriétaire, régisseur ou fermier de chaque établissement d'eaux minérales remet au médecin inspecteur, et, à son défaut, au préfet, un état portant le nombre des personnes qui ont fréquenté l'établissement. Cet état est envoyé, avec les observations du médecin inspecteur, au ministre de l'agriculture, du commerce et des travaux publics.

Art. 21. Les propriétaires, régisseurs ou fermiers sont tenus de donner le libre accès des établissements et des sources à tous les fonctionnaires délégués par le ministre; ils leur fournissent les renseignements nécessaires à l'accomplissement de la mission qui leur est confiée.

TITRE III.

Des bases et du mode de répartition des frais de l'inspection médicale et de la surveillance des établissements d'eaux minérales naturelles.

Art. 22. Tous les ans, il est inscrit au budget du commerce et des travaux publics une somme égale au montant total des traitements des inspecteurs attachés aux différentes localités d'eaux minérales; il y est ajouté une somme qui n'excède pas dix pour cent de ce montant, afin de couvrir les frais généraux d'inspection et de surveillance.

Une somme égale est inscrite au budget des recettes.

Art. 23. La répartition entre les établissements de la somme portée au budget, et le recouvrement, ont lieu suivant les bases et conformément au mode qui est indiqué dans les articles ci-après :

Art. 24. A la fin de chaque année, les propriétaires, régisseurs ou fermiers des établissements d'eaux minérales naturelles adressent aux préfets les états des produits et des dépenses de leurs établissements pendant l'année

Art. 25. L'état des produits comprend les revenus afférents aux bains, douches, piscines, buvettes, et à tout autre mode quelconque d'administration des eaux, ainsi qu'à la vente des eaux en bouteilles, cruchons ou tonneaux.

Art. 26. L'état des dépenses comprend :

Les frais encourus pour la réparation des appareils et constructions servant à l'aménagement des sources, la distribution et l'administration des eaux, le salaire des employés, l'entretien des bâtiments et de leurs abords, ainsi que celui du matériel; le montant des contributions dues à l'État, au département ou à la commune, et généralement tous les frais courants d'exploitation.

Art. 27. Ne sont pas admises en compte les dépenses extraordinaires et notamment les sommes dépensées pour grosses réparations, constructions nouvelles, travaux de recherche ou de captage, acquisitions de terrain, ainsi que les indemnités que ces constructions et travaux de recherche ou de captage ont pu comporter.

Art. 28. Le revenu qui sert de base à la répartition de la somme totale à payer par les établissements d'eaux minérales est l'excédant des produits sur les dépenses ordinaires, tels que les uns et les autres sont prévus aux articles 25 et 26.

Art. 29. Les états de produits et de dépenses sont communiqués par le préfet à une commission présidée par lui ou par son délégué, et qui est composée d'un membre du conseil général ou du conseil d'arrondissement, du directeur des contributions directes, de l'ingénieur des mines et du médecin inspecteur de l'établissement.

Dans le cas où les propriétaires, régisseurs ou fermiers n'auraient pas adressé, le 31 janvier, au préfet, conformément à l'article 24 ci-dessus, les états des produits et des dépenses de leurs établissements, la commission procède d'office à leur égard.

Art. 30. L'avis de cette commission est, avec les pièces à l'appui, soumis à l'examen d'une commission centrale nommée par le ministre et composée de cinq membres choisis par le conseil d'État, la cour des Comptes, le conseil général des mines, le comité consultatif d'hygiène publique et l'administration des finances, et, en outre, du nombre d'auditeurs au conseil d'État qui sera reconnu nécessaire.

Les auditeurs remplissent les fonctions de secrétaires et de rapporteurs ; ils ont voix délibérative dans les affaires qu'ils sont chargés de rapporter.

Art. 31. Sur le rapport de la commission instituée en vertu de l'article précédent, un arrêté du ministre détermine le revenu des divers établissements, et répartit entre eux, au prorata dudit revenu, le montant total des frais de l'inspection médicale et de la surveillance, tels qu'ils sont indiqués à l'article 22 ci-dessus.

Art. 32. L'arrêté du ministre est notifié par voie administrative au propriétaire, fermier ou régisseur de chaque établissement ; il est transmis au ministre des finances qui est chargé de poursuivre le recouvrement des sommes pour lesquelles chacun desdits établissements est imposé.

Art. 33. L'arrêté du ministre peut être déféré au conseil d'État par la voie contentieuse.

TITRE IV.

Dispositions générales et transitoires.

Art. 34. Les dispositions de l'ordonnance royale du 18 juin 1823, qui ne sont pas contraires à celles du présent règlement, continuent de recevoir leur pleine et entière exécution.

Art. 35. Le classement prévu par l'art. 4 aura lieu, pour la première fois, conformément au revenu des établissements compris dans chaque inspection, tel qu'il aura été établi pour l'année 1860, et ce classement continuera d'être en vigueur jusqu'au 31 décembre 1865.

Art. 36. Notre ministre secrétaire d'État au département de l'agriculture, du commerce et des travaux publics et notre ministre secrétaire d'État au département des finances sont chargés, chacun en ce qui le concerne, de l'exécution du présent décret.

28 janvier 1860.